Pfälzer Küche

Besuchen Sie uns im Internet: www.komet-verlag.de

Gesamtherstellung: Komet Verlag GmbH, Köln

ISBN 3-89836-362-7

Pfälzer Küche

Regionale Küche mit Tradition

KOMET

Inhalt

Pfälzer Küche

„Die Pfalz ist ein von allen Göttern geliebtes Land mit streichelwarmem Klima und verschwenderischer Fruchtbarkeit. Der Frühling beginnt, wenn der Norden noch im Eis erstarrt. Zitronen, Kiwis und Feigen gedeihen in der Pfalz." So schwärmerisch beginnt einer der bekanntesten Weinautoren in einem auflagenstarken Buch sein Kapitel über den Pfälzer Wein.

Dennoch weiß man wenig von den kulinarischen Genüssen in diesem Landstrich. Mit Mainz verknüpft man Weck, Worscht und Woi. Man erinnert sich natürlich an unseren gewichtigen Bundeskanzler und dessen Lieblingsessen, den Pfälzer Saumagen, eine derbe Spezialität rustikalen Zuschnitts. Am ehesten kennt man noch die vielfältigen Weine. Jede siebte Flasche Wein, die in Deutschland entkorkt wird, stammt aus der Pfalz. Kenner jedoch bezeichnen die Pfalz als die Toskana Deutschlands und dies geschieht nicht zu Unrecht bei 188 Sonnentagen im Jahr und sie assoziieren bei dem Vergleich mit dem idyllischen Landstrich nicht nur den Weingenuss, sondern sie wissen, dass hier sogar Zitronen wachsen und Zypressen, Zedern und Tamarisken gedeihen. Sie wissen um die Vorliebe der Pfälzer für herzhafte Gewürze, sie kennen die für deutsche Verhältnisse ungewöhnliche Vorliebe für Knoblauch, den die Pfälzer wohl von den Franzosen, die sich ja häufiger in der Pfalz als Besetzer aufhielten, geerbt haben.

Die Pfälzer sind fröhliche Menschen mit derbem, häufig sehr direktem Charakter. Sie leben nicht schlecht nach der Devise „lieber zu viel gegessen als zu wenig getrunken". Sie feiern gerne und viele Feste der Pfalz drehen sich ums Essen, so das Spießbratenfest in Idar-Oberstein, das Backfischfest in Worms, der zur Zeit der Kartoffelernte im Oktober stattfindende Knollenball in Deuselbach, die Salatkirmes in Ziegenhain und selbstverständlich der Dürkheimer Wurstmarkt, in dessen Mittelpunkt allerdings mehr der Genuss von Wein als der von Würsten steht.

Dennoch, um die Wurst dreht sich vieles in der Pfalz. Wir alle kennen die Pfälzer Leberwurst, die eher unansehnlich grau aussieht, aber dank ihres intensiven Majorangeschmacks köstlich mundet. Auch die Blutwurst gibt es in allen Formen der Zubereitung frisch oder geräuchert. Auf einer der vielen Kirmessen oder bei einem Weinfest sollte man die große würzige Pfälzer Bratwurst probieren. Sie unterscheidet sich von allen anderen Bratwürsten in unserer Republik durch ihre leichte Räucherung. Auch Griebenwurst, Cervelatwurst und Schwartenmagen sind hier zu Hause und eine gute Grundlage für einen gut durchgegorenen Schoppen Riesling.

Die traditionelle Pfälzer Küche ist, wie die Beispiele zeigen, also von herzhafter Einfachheit. Es gibt aber auch Ausnahmen, allen voran den Mainzer Spargel, der weit über die Grenzen der Pfalz hinaus einen fabelhaften Ruf genießt. Die Geschichte seines Anbaus lässt sich bis 1567 zurückverfolgen. Er geht auf eine Verfügung des Mainzer Kurfürsten zurück.

Bei dem beschriebenen günstigen Klima ist es auch kein Wunder, dass alle Gemüse und Früchte früh und in erlesener Qualität auf den Tisch kommen. Im Herbst spielt Wild auf der Speisekarte eine große Rolle. Bekannt ist der auf Pfälzer Art zubereitete Fasan, aber auch die Trauben-gemästeten Rebhühner sind nicht zu verachten.

Am schönsten ist die Pfalz im Herbst, wenn die Rebhänge ein einziges Farbenmeer sind und Maronen zum jungen Wein gereicht werden. Nirgendwo in Deutschland gibt es so viele idyllische alte Weindörfer, die von Rosen umrankt sind und in deren kleinen Weinstuben man einen tüchtigen Schoppen – das ist in der Pfalz ein halber Liter – in Begleitung von Pfälzer Spezialitäten im Stangenglas trinkt. Zu diesen kulinarischen Genüssen möchte Sie dieses Buch einladen.

Suppen und Zwischenmahlzeiten

Zwiebelsuppe

300 g Zwiebeln
60 g Butter
1 l Gemüsebrühe
Salz
Pfeffer
Sahne nach Geschmack
2 altbackene Brötchen

Die Zwiebeln schälen und in Ringe schneiden. Die Butter in einem Topf erhitzen und die Zwiebeln darin goldgelb gar schmoren. Die Zwiebeln mit der Gemüsebrühe auffüllen und aufkochen lassen. Mit Salz und Pfeffer abschmecken. Nach Geschmack mit Sahne verfeinern. Die Brötchen in Scheiben schneiden und auf 4 Suppentassen verteilen. Die Zwiebelsuppe darüber gießen und heiß servieren.

Knoblauchsuppe

4 Knoblauchzehen
30 g Butter
30 g Mehl
500 ml Gemüsebrühe
Salz
Pfeffer
Saft von 1/2 Zitrone
250 ml Rotwein
125 ml Sahne
500 g blaue Weintrauben

Die Knoblauchzehen schälen und fein hacken. Die Butter in einem Topf erhitzen und den Knoblauch darin etwa 2 Minuten andünsten. Das Mehl darüber streuen und kurz anschwitzen. Mit der Gemüsebrühe auffüllen und unter Rühren 5 Minuten köcheln. Mit Salz, Pfeffer und Zitronensaft würzen. Den Wein in die Suppe gießen und erhitzen, nicht kochen lassen.

Winzerart

Die Sahne steif schlagen und unter die Suppe heben. Die Trauben waschen, von den Stielen zupfen, halbieren und die Kerne entfernen. Die Trauben in die Knoblauchsuppe geben und sofort servieren.

Weinsuppe

1 l Weißwein
80 g Zucker
abgeriebene Schale von
1/4 Zitrone
1 Zitronenscheibe
1 Zimtstange
50 g Grünkernmehl
2 Eier
125 ml Sahne
4 Zwiebäcke

Wein, Zucker, Zitronenschale und -scheibe sowie die Zimtstange in einen Topf geben und aufkochen. Den Backofen auf 250 °C (Umluft 230 °C) vorheizen. Das Grünkernmehl in etwa 3 El Wasser rühren und die Suppe damit unter Rühren andicken. Die Zitronenscheibe und die Zimtstange herausnehmen. Die Eier trennen. Die Eigelbe mit der Sahne verrühren und die Suppe damit verfeinern. Die Eiweiße steif

mit Haube

schlagen. Die Suppe auf 4 feuerfeste Suppentassen verteilen. Den Eischnee auf die Zwiebäcke geben und auf jede Suppentasse einen Zwieback setzen. Im Backofen etwa 10 Minuten überbacken.

Mostsuppe

1 l Traubenmost
Zucker nach Geschmack
2 Eigelb
2 El Sahne
2 Scheiben Weißbrot
2 El Butter

Den Traubenmost in einem Topf erhitzen (nicht kochen) und mit Zucker abschmecken. Eigelbe und Sahne verrühren und die Suppe damit legieren. Das Weißbrot würfeln. Die Butter in einer Pfanne erhitzen und die Weißbrotwürfel darin rösten. Die Brotwürfel auf 4 Suppentassen verteilen und die Mostsuppe darüber geben.

Weißkohlsuppe

500 g Rindfleisch (Suppenfleisch)
1 Bund Suppengrün
1 Weißkohl (ca. 500 g)
500 g Kartoffeln
Salz
Pfeffer

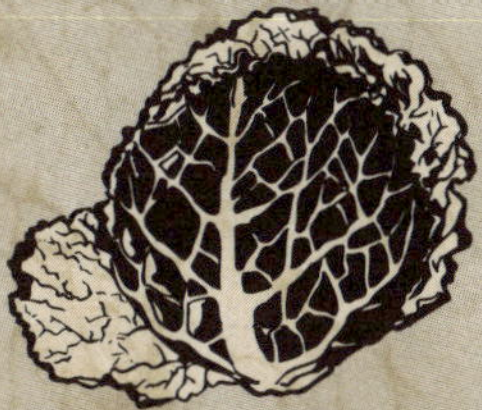

Das Fleisch waschen und trocknen. Das Suppengrün putzen, zum Teil schälen, waschen und klein schneiden. Fleisch und Suppengrün mit 1,5 l Wasser etwa 1,5 Stunden kochen, bis das Fleisch weich ist. Das Fleisch herausnehmen und beiseite stellen. Vom Kohl die äußeren Blätter und den Strunk entfernen. Den Rest in feine Streifen schneiden. Die Kartoffeln schälen und in Würfel schneiden. Kohl und Kartoffeln in der Brühe etwa 15 Minuten garen. Mit Salz und Pfeffer abschmecken. Das Fleisch würfeln und wieder in die Suppe geben.

Fleisch-Kohlrabi-

250 g Schweinefleisch
250 g Lammfleisch
50 g Butter
500 ml Fleischbrühe
Salz
4 Kohlrabi (ca. 750 g)
150 g Erbsen (TK)
3–4 Kartoffeln
1 El Speisestärke
50 g durchwachsener Speck
1 Zwiebel
1 Bund Schnittlauch

Das Fleisch waschen, trocknen und in mundgerechte Würfel schneiden. 30 g Butter in einem Topf erhitzen und die Fleischwürfel darin etwa 10 Minuten von allen Seiten anbraten. Fleischbrühe und 500 ml Wasser zum Fleisch geben, salzen und bei geschlossenem Deckel etwa 40 Minuten garen. Die Kohlrabi schälen und in Würfel schneiden. Die Erbsen auftauen lassen. Kartoffeln schälen und

Topf

ebenfalls würfeln. Gemüse und Kartoffeln etwa 20 Minuten vor Ende der Garzeit zum Fleisch geben. Die Speisestärke mit etwas Wasser glattrühren und in den kochenden Eintopf rühren. Den Speck würfeln. Die Zwiebel schälen und hacken. Restliche Butter erhitzen und beides darin etwa 5 Minuten schmoren, danach in den Eintopf geben. Schnittlauch waschen, trockenschütteln und in Röllchen schneiden. Den Eintopf mit Schnittlauch garniert servieren.

Bohnensuppe

500 g grüne Bohnen
Salz
3 Stängel Bohnenkraut
1/2 Packung Kartoffelpüreepulver (200 g)
100 g Schinkenspeck
2 Zwiebeln
Salz
Pfeffer
1/2 Bund Petersilie

Die Bohnen waschen, entfädeln und in kleine Stücke schneiden. 1 l Salzwasser zum Kochen bringen und die Bohnen darin in etwa 25 Minuten bissfest garen. Das Bohnenkraut waschen, klein hacken und zu den Bohnen geben. Nach der Garzeit das Kartoffelpüreepulver mit dem Schneebesen einrühren. Den Schinkenspeck in Würfel schneiden und in einer Pfanne glasig dünsten. Die Zwiebeln schälen, hacken und im Speckfett schmoren. Beides in die Bohnensuppe geben. Die Bohnensuppe mit Salz und Pfeffer würzen. Petersilie waschen, trockenschütteln, hacken und über die Suppe streuen.

Zwiebelkuchen

Für 1 Blech

40 g Hefe
1/2 Tl Salz
1/2 Tl Zucker
125 ml Milch
500 g Mehl
60 g Butter
Fett für das Blech
1 kg Zwiebeln
3 El Butter
100 g geräucherter durchwachsener Speck
500 ml Schmand
3 Eier
Pfeffer
gemahlener Kümmel

Die Hefe mit Salz und Zucker in etwas warme Milch rühren und kurz gehen lassen. Das Mehl in eine Schüssel sieben, in die Mitte eine Mulde drücken und den Hefevorteig hineinfüllen. Mit etwas Mehl vermengen und nochmals gehen lassen. Milch und Butter erwärmen und unter den Hefeteig rühren. Alles gut verkneten und erneut gehen lassen, bis der Teig seinen Umfang verdoppelt hat. Wieder durchkneten und auf einem gefetteten

Blech ausrollen. Gehen lassen. Den Backofen auf 200 °C (Umluft 180 °C) vorheizen. Inzwischen die Zwiebeln schälen und in Ringe schneiden. Die Butter in einer Pfanne erhitzen und die Zwiebelringe darin glasig schmoren. Den geräucherten Speck würfeln und kurz mitschmoren. Den Teig 10 Minuten im Ofen vorbacken. Dann die Zwiebelringe und Speckwürfel darauf verteilen. Schmand und Eier verrühren und mit Salz, Pfeffer und Kümmel würzen. Die Masse über die Zwiebeln geben. Den Zwiebelkuchen etwa 35 Minuten backen.

Leberwursttoast

4 kleine Zwiebeln
2 El Butter
Salz
schwarzer Pfeffer
4 Scheiben Toastbrot
250 g Pfälzer Leberwurst
2 Gewürzgurken
2 El Tomatenketchup

Die Zwiebeln schälen und fein hacken. Die Butter in einer Pfanne erhitzen und die Zwiebeln darin etwa 10 Minuten weich schmoren. Mit Salz und Pfeffer würzen. Das Toastbrot im Toaster rösten. Die Leberwurst von der Pelle befreien und in 16 Scheiben teilen. Jedes Toastbrot mit 4 Scheiben Leberwurst belegen. Die Gurken abtropfen lassen und in Scheiben schneiden. Die Zwiebeln auf der Leberwurst verteilen und darauf die Gurkenscheiben legen. Darüber einen Klecks Tomatenketchup geben und servieren.

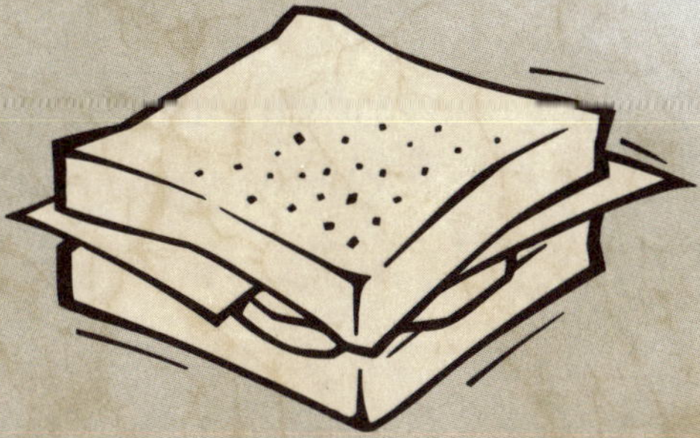

Kochkäse

Für 2–3 Portionen

1 El Butter
250 g Limburger
1 Eigelb
1 El Mehl
125 ml Milch
1–2 Tl Kümmel

Die Butter erhitzen. Den Limburger in Stücke schneiden und zur Butter geben. Unter Rühren zerlaufen lassen. Das Eigelb mit Mehl, Milch und Kümmel verrühren und unter den Käse rühren, bis dieser fest zu werden beginnt. Die Käsemasse in einen Steinguttopf füllen und abkühlen lassen. Anschließend auf einen Teller stürzen. Mit frischem Graubrot und Butter servieren.

Handkäse mit Musik

Für 2 Portionen

- 2–4 Ringe Handkäse
- 3 große Zwiebeln
- 8 El Öl
- 4 El Essig
- Salz
- Pfeffer
- 1 Tl Kümmel

Den Handkäse in dünne Scheiben schneiden. Die Zwiebeln schälen und in dünne Ringe schneiden. Öl und Essig miteinander mischen, Salz, Pfeffer und Kümmel hinzufügen. Den Käse in eine Schüssel geben, mit den Zwiebeln belegen und mit der Marinade überziehen. Den Handkäse mindestens 1 Stunde an einem kühlen Ort ziehen lassen. Handkäse mit frischem Vollkornbrot und Butter servieren.

Käsesalat

300 g Lyoner
300 g Emmentaler Käse
2 Zwiebeln
4 El Essig
3 El Öl
Salz
weißer Pfeffer
1 Prise Knoblauchpulver
1 Bund Radieschen
1/2 Bund Petersilie

Die Wurst von der Pelle befreien, den Käse entrinden. Wurst und Käse in dünne Streifen schneiden. Die Zwiebeln schälen und in Ringe schneiden.

Aus Essig, Öl, Salz, Pfeffer und Knoblauchpulver eine Marinade herstellen. Wurst- und Käsestreifen mit den Zwiebelringen in eine Schüssel geben und mit der Marinade übergießen. 30 Minuten ziehen lassen. Die Radieschen putzen, waschen und in Scheiben schneiden. Die Petersilie waschen, trockenschütteln und fein hacken. Den Wurstsalat mit Radieschenscheiben belegen und mit Petersilie bestreut servieren. Dazu frisches Bauernbrot und neuen Wein reichen.

Kartoffeln, Gemüse und Beilagen

Eingelegte

Für 2 Einmachgläser
à 500 g

1 kg Pilze
500 ml Essig
2 Bund Dill
2 Tl getrockneter Thymian
2 Lorbeerblätter
1 Tl Salz
2–3 Tl Korianderkörner
750 ml Olivenöl

Die Pilze putzen und gut waschen. 1 l Wasser mit dem Essig und den Gewürzen, außer dem Koriander, zum Kochen bringen. Die Pilze in dem Essigsud etwa 15 Minuten köcheln. Den Topf mit einem Deckel verschließen und die Pilze weitere 15 Minuten gar ziehen lassen. Pilze abgießen, abtropfen und abkühlen lassen. Dann mit dem

Hallimasche

Koriander in gut gespülte Einmachgläser schichten. Mit dem Öl begießen. Die Pilze müssen bedeckt sein. Gläser verschließen und die Pilze an einem dunklen Ort mindestens 3 Tage ziehen lassen. Vor dem Servieren aus der Marinade nehmen, abtropfen lassen und mit etwas Essig beträufeln. Als Beilage zu Fleisch reichen.

Linsengemüse

250 g getrocknete grüne Linsen
2 Zwiebeln
1 El Öl
250 ml Gemüsebrühe
1 El Apfelessig
1 El Mehl
Salz
Pfeffer

Die Linsen über Nacht in reichlich Wasser einweichen. Am nächsten Tag gut spülen und in 750 ml Wasser in etwa 35 Minuten garen. Zwiebeln schälen und würfeln. Das Öl in einer Pfanne erhitzen und die Zwiebeln darin glasig dünsten. Gemüsebrühe mit Essig und Mehl verrühren, zu den Zwiebeln geben und kurz aufkochen lassen.

Mit Salz und Pfeffer abschmecken. Die Linsen abgießen und unter die Sauce rühren. Als Beilage zu Fleisch und Kartoffeln reichen.

Spargelsalat

1 kg weißer Pfälzer Spargel
1 1/2 Tl Salz
1 1/2 Tl Zucker
1 El Butter
200 g Räucherlachs
3 El Sherryessig
4 El Traubenkernöl
schwarzer Pfeffer
1 Bund Dill

Den Spargel waschen, schälen und die holzigen Enden abschneiden. Den Spargel in etwa 3 cm lange Stücke schneiden, danach in etwa 1 l kochendem Wasser mit je 1 Tl Salz und Zucker und der Butter in etwa 10 Minuten bissfest garen. Spargel abgießen, abtropfen lassen und in eine Schüssel zum Abkühlen geben. Den Lachs in dünne Streifen schneiden. Für die Marinade Essig, Öl, das restliche Salz, Pfeffer und den

mit Räucherlachs

restlichen Zucker miteinander verrühren. Den Dill waschen, trockenschütteln und fein hacken. Dill mit der Salatsauce vermischen und über den Spargel geben. Die Lachsstreifen unterheben und alles etwa 30 Minuten durchziehen lassen. Den Spargelsalat mit frischem Baguette servieren.

Kartoffel-Rauke-

500 g Kartoffeln
125 g Rauke
125 g Löwenzahn
1 Zwiebel
2 hart gekochte Eier
1 El Senf
Salz
Pfeffer
1 Prise Zucker
125 ml Sahne

Die Kartoffeln waschen und in Wasser in etwa 20 Minuten nicht zu weich kochen. Abgießen und abkühlen lassen, danach schälen und in Würfel schneiden. Rauke und Löwenzahn in kleine Stücke zupfen, waschen und einige Zeit im Wasser liegen lassen, damit die Bitterstoffe aus den Blättern gezogen werden. Die Zwiebel schälen und würfeln. Die Eier pellen, ein Eigelb mit der Gabel zerdrücken. Zwiebelwürfel

Salat

mit Eigelb, Senf, Salz, Pfeffer, Zucker und Sahne verrühren. Kartoffelwürfel und das restliche gewürfelte Ei in eine Schüssel geben und mit der Salatsauce vermischen. Etwa 30 Minuten durchziehen lassen. Kurz vor dem Servieren abgetropften Löwenzahn und Rauke unterheben.

Zwiebelpüree

500 g Zwiebeln
50 g Butter
Salz
weißer Pfeffer
1 Prise Zucker
20 g Mehl
125 ml Milch
4 El Crème fraîche
1 Prise gemahlene Muskatnuss

Die Zwiebeln schälen und in Würfel schneiden. 375 ml Liter Wasser mit 10 g Butter, etwas Salz, Pfeffer und dem Zucker aufkochen und die Zwiebeln darin etwa 20 Minuten köcheln. Zwiebeln mit dem Sud durch ein Sieb passieren und warm stellen. 20 g Butter in einem Topf erhitzen und das Mehl darin unter Rühren etwa 2 Minuten anschwitzen. Mit der Milch auffüllen und kurz aufkochen. Dann die Zwiebelmasse unterrühren. Das Zwiebelmus etwa 10 Minuten köcheln lassen, danach mit Muskat würzen. Die Crème fraîche und die restliche Butter unterheben. Das Zwiebelpüree als Beilage zu Lamm- oder Gänsebraten reichen.

Topinamburmus

500 g Topinambur
60 g Butter
500 g Kartoffeln
Salz
2 Bund gemischte Kräuter
3 El Sahne

Die Topinamburknollen waschen, trocknen, schälen und in Würfel schneiden. Die Butter in einem Topf erhitzen und die Topinamburwürfel darin anschmoren und anschließend in etwa 40 Minuten garen. Nach und nach etwa 375 ml Wasser zufügen. Inzwischen die Kartoffeln schälen und in kochendem Salzwasser etwa 20 Minuten garen. Abgießen und kurz abkühlen lassen. Kartoffeln und Topinambur durch die Kartoffelpresse in eine Schüssel drücken. Die Kräuter waschen, trockenschleudern und fein hacken. Das Topinamburmus mit Kräutern und Sahne verrühren und sofort servieren. Als Beilage zu Kurzgebratenem reichen.

Sellerieburger

1 Sellerieknolle
Salz
60 g Butter
4 Scheiben Schweinefilet (à 125 g)
Pfeffer
Saft von 1/2 Zitrone
1/2 Bund gehackte frische Petersilie zum Garnieren

Die Sellerieknolle waschen, schälen und in wenig Salzwasser ca. 30 Minuten bissfest garen. Herausnehmen, abtropfen lassen und in 4 fingerdicke Scheiben schneiden. Die Butter in einer Pfanne erhitzen und die Selleriescheiben darin goldgelb braten. Herausnehmen und warm stellen. Das Schweinefilet waschen, trocken und leicht klopfen. Im selben Fett auf jeder

Seite etwa 3 Minuten braten. Anschließend mit Salz und Pfeffer würzen. Die Selleriescheiben auf 4 vorgewärmte Teller anrichten und das Schweinefilet darauf legen. Mit Zitronensaft beträufeln und mit Petersilie bestreut servieren.

Wein-Kartoffeln

1 kg Kartoffeln
2 Zwiebeln
3 El Öl
200 ml trockener Weißwein
125 ml Gemüsebrühe
1 Lorbeerblatt
Salz
Pfeffer
etwas Majoran

Die Kartoffeln schälen, waschen und in dünne Scheiben schneiden. Mit Küchenpapier die Flüssigkeit abtupfen. Die Zwiebeln schälen und fein würfeln. Das Öl in einer Pfanne erhitzen und die Zwiebeln darin andünsten. Die Kartoffelscheiben dazugeben und bei großer Hitze gut anbraten, bis sich goldbraune Krusten bilden. Wein, Gemüsebrühe und Lorbeer zufügen und die Kartoffeln etwa 20 Minuten bei geschlossenem Deckel garen. Danach den Deckel entfernen und die Flüssigkeit verkochen lassen. Das Lorbeerblatt entfernen und die Weinkartoffeln mit Salz, Pfeffer und Majoran würzen. Zu Wildgerichten servieren.

Majorankartoffeln

1 kg fest kochende Kartoffeln
3 Schalotten
50 g Butter
Salz
weißer Pfeffer
1 Bund Majoran
250 ml Gemüsebrühe
1/2 Bund gehackte frische Petersilie

Die Kartoffeln schälen und in mundgerechte Stücke schneiden. Die Schalotten schälen und in Würfel schneiden. 30 g Butter in einer großen feuerfesten Pfanne erhitzen und die Schalotten darin etwa 3 Minuten andünsten. Die Kartoffelstücke dazugeben und mit Salz und Pfeffer würzen. Den Majoran waschen, trockenschütteln und fein hacken. Über die Kartoffeln geben. Den Grill des Backofens auf höchste Stufe vorheizen. Die Kartoffeln mit Gemüsebrühe auffüllen und 30 Minuten bei geringer Temperatur schmoren. Die Pfanne ab und zu

leicht schütteln. Die restliche Butter flöckchenweise auf die Kartoffeln setzen und die Pfanne unter den Backofengrill stellen. Die Kartoffeln etwa 5 Minuten grillen. Dann mit der Petersilie bestreut servieren. Passt als Beilage zu Braten und Geflügel.

Schwalbennester

1 kg Kartoffeln
etwa 250 ml Milch
1 El Butter
Salz
gemahlene Muskatnuss
Fett für die Form
4 Eier
600 g gekochter Schinken

Die Kartoffeln waschen und in kochendem Wasser etwa 20 Minuten garen, bis sie weich sind. Herausnehmen und abtropfen lassen. Kurz abkühlen, dann schälen. Die Milch erhitzen. Den Backofen auf 200 °C (Umluft 180 °C) vorheizen. Die Kartoffeln durch die Kartoffelpresse in eine Schüssel drücken. Butter unterrühren und so viel Milch, dass ein cremiger Brei entsteht. Mit Salz und Muskatnuss würzen. Den Kartoffelbrei in eine gefettete Auflaufform füllen und 4 Vertiefungen hineindrücken. Die Eier aufschlagen und vorsichtig in die Vertiefungen gleiten lassen. Den Schinken fein würfeln und über die Eier geben. Die Schwalbennester im Backofen etwa 15 Minuten überbacken, bis die Eier gestockt sind.

Kartoffelklöße

Für 6 Portionen

750 g Kartoffeln
75 g geräucherter Speck
4 Zwiebeln
Salz
weißer Pfeffer
gemahlene Muskatnuss
20 g Butterschmalz

Die Kartoffeln waschen und in kochendem Wasser in etwa 25 Minuten weich garen. Dann abgießen und abtropfen lassen. Kurz abkühlen. Den Speck würfeln. 2 Zwiebeln schälen und fein hacken. Den Speck in einer Pfanne auslassen und die Zwiebeln darin andünsten. Die Kartoffeln schälen und durch die Kartoffelpresse drücken. Mit dem Speck und den Zwiebeln mischen. Mit Salz, Pfeffer und Muskatnuss abschmecken. Die restlichen Zwiebeln schälen und in Ringe schneiden. Das Butterschmalz in einer Pfanne erhitzen und die Zwiebelringe darin etwa 10 Minuten goldbraun schmoren. Den Kartoffelbrei in einer Pfanne unter Rühren erhitzen. Dann mit 2 Esslöffeln Klöße abstechen und auf Tellern anrichten. Mit den gebratenen Zwiebelringen belegen und servieren. Als Beilage zu Pfälzer Saumagen oder gebratener Lyoner reichen.

Kastaniengemüse

1 kg Maronen
40 g Butter
1 Tl Zucker
20 g Mehl
125 ml Gemüsebrühe
Salz
Pfeffer
125 ml Sahne

Die Esskastanien kreuzweise einschneiden und in einem Topf mit kochendem Wasser etwa 20 Minuten garen. Abgießen und in kaltem Wasser abschrecken. Die Kastanien von der Außenhaut und der dünnen inneren Haut befreien. Die Butter in einem Topf zerlassen und den Zucker darin karamellisieren lassen. Das Mehl unter Rühren dazugeben und eine Mehlschwitze herstellen.

Die Gemüsebrühe aufkochen und die Zuckermasse unter Rühren hineingeben. Die Kastanien zufügen und bei geringer Temperatur einige Minuten köcheln. Kastanien mit Salz und Pfeffer würzen und mit der Sahne verfeinern. Kastaniengemüse als Beilage zu Wild reichen oder als Füllung für Geflügel verwenden.

Schnittlauchsalat

3 Bund Schnittlauch
10 Eier
1 Zwiebel
6 El Essig
4 El Öl
125 ml Sahne
1 El Senf
Salz
Pfeffer

Den Schnittlauch waschen, trockenschütteln und in Röllchen von 0,5 cm Länge schneiden. Die Eier hart kochen. Die Schnittlauchröllchen in ein Sieb geben und mit kochendem Wasser übergießen. Abtropfen lassen. Die Eier pellen. 8 Eier fein würfeln und mit dem Schnittlauch in eine Schüssel geben. Die restlichen beiden Eier mit einer Gabel zerdrücken und mit den übrigen Zutaten sowie 2 El Wasser zu einer Salatsauce verarbeiten. Über Schnittlauch und Eier geben. 30 Minuten durchziehen lassen. Schnittlauchsalat zu Bratkartoffeln reichen.

Eingelegte

Für 4 Einmachgläser à 250 ml

1 kg frische Walnüsse ohne Schale
1 kg Zucker
1 l Weinessig
20 g Ingwerwurzel
4 Gewürznelken
1 Zimtstange

Die Walnüsse in eine Schüssel mit Wasser legen und einige Zeit einweichen lassen. Danach die feine Haut abziehen. Die Nüsse in einem Topf mit Wasser etwa 15 Minuten weich kochen. In einem zweiten Topf Zucker, Essig, Ingwer, Nelken und Zimt aufkochen. Die Nüsse aus dem Wasser holen und in den Gewürzsud legen. Nach dem Abkühlen mit dem Sud in

Walnüsse

gespülte Einmachgläser schichten und mit Einmachhaut verschließen. An einem dunkeln Ort etwa 4 Tage durchziehen lassen. Eingelegte Walnüsse zu Wildgerichten servieren.

Geschmelzte Kartoffeln

1,5 kg Kartoffeln
Salz
3 große Zwiebeln
3 El Butter

Die Kartoffeln schälen und in dünne Stifte schneiden. Die Kartoffelstifte in kochendem Salzwasser bissfest garen. Sie dürfen nicht zerfallen. Mit der Schaumkelle herausnehmen und abtropfen lassen. Kartoffelstifte in eine flache Auflaufform legen . Die Zwiebeln schälen und in Ringe schneiden. Die Butter in einer Pfanne zerlassen und die Zwiebelringe darin braun schmoren. Zwiebeln mit Fett über die Kartoffeln geben und servieren. Dazu isst man gerne heiße Lyoner und Salat.

Zwiebelbraten

Für 4–6 Portionen

1 kg Zwiebeln
500 g Pfälzer Leberwurst
zum Braten
3 El Butter
3 Eier
4 El Milch
Pfeffer
Muskat
Majoran
Salz

Die Zwiebeln schälen und in dünne Ringe schneiden. Die Leberwurst in dünne Scheiben schneiden. Die Butter in einer Pfanne erhitzen und die Zwiebeln darin etwa 10 Minuten goldgelb dünsten. Dann die Leberwurstscheiben hinzufügen. Alles weitere 10 Minuten schmoren, bis die Leberwurst kross ist. Eier und Milch miteinander verquirlen, mit den Gewürzen kräftig abschmecken und über die Zwiebel-Wurst-Masse geben. Die Mischung bei geschlossenem Deckel stocken lassen. Den fertigen Zwiebelbraten auf eine Platte stürzen und zerteilen. Mit frischem Brot und Tomatensalat servieren.

Saure

Für 2–3 Portionen

1 Ring geräucherte Fleischwurst mit Knoblauch
2 Zwiebeln
6 El Essig
4 El Pflanzenöl
Salz
Pfeffer
1 Prise Zucker
1/2 Bund gehackte frische Petersilie

Die Fleischwurst von der Pelle befreien und in 5 cm große Stücke schneiden. Die Stücke halbieren und fächerartig einschneiden. In eine Salatschüssel legen. Die Zwiebeln schälen und fein hacken. Aus Zwiebeln, Essig, Öl, 2 El Wasser und den Gewürzen eine Vinaigrette bereiten und über die Wurst geben. Durchrühren und etwa 1 Stunde

Fleischwurst

ziehen lassen. Die saure Lyoner mit Petersilie bestreut servieren.

Falsche

250 g Hackfleisch
250 g Hausmacher Leberwurst
1 Ei
1 Brötchen
Salz
1 Tl getrockneter Majoran

Hackfleisch mit Leberwurst und Ei gut verkneten. Das Brötchen in wenig Wasser einweichen. Dann ausdrücken und unter die Hackfleischmasse kneten. In einem Topf etwa 2 l Salzwasser zum Kochen bringen. Salzen. Die Hackfleischmasse mit Salz und Majoran würzen. Mit einem Esslöffel Klöße abstechen und im Wasser etwa 15 Minuten garen.

Leberknödel

Wenn die Leberknödel an die Oberfläche kommen, mit einer Schaumkelle herausnehmen. Zu Sauerkraut und Kartoffelpüree servieren.

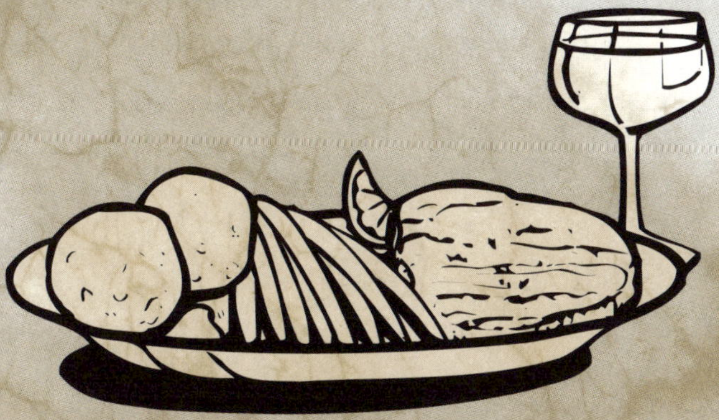

Fleisch, Wild und Geflügel

Pfälzer

Für 6–8 Portionen

500 g geräucherter durchwachsener Speck
500 g magerer Schweinebauch
500 g Kartoffeln
2 Zwiebeln
500 g Bratwurstmasse
Majoran
Thymian
Nelkenpulver
Salz
Pfeffer
1 gereinigter Schweinemagen (beim Metzger bestellen)
3 El Butter

Speck und Schweinebauch in etwa 0,5 cm große Würfel schneiden. Die Kartoffeln schälen und ebenfalls würfeln. Die Zwiebeln schälen und fein hacken. Fleisch, Kartoffeln, Zwiebeln und Bratwurstmasse miteinander mischen und zu einem festen Teig verkneten. Mit den Gewürzen pikant abschmecken. Die Masse in den Schweinemagen füllen und mit Küchengarn zunähen. Den Schweinemagen in kochendes Wasser geben und etwa 4 Stunden

Saumagen

bei geringer Temperatur (ca. 75 °C) ziehen lassen. Dann herausnehmen und in kaltem Wasser abschrecken. Trocknen und abkühlen lassen. Den Saumagen in Scheiben schneiden und vor dem Servieren in der Pfanne in heißer Butter braten. Mit Sauerkraut und Brot oder Bratkartoffeln servieren.

Spießbraten

1,5 kg Rindfleisch vom Bug
250 g geräucherter durchwachsener Speck
500 g Zwiebeln
1 Bund Petersilie
Salz
Pfeffer
1 Bund Suppengrün
1 l trockener Rotwein
2 Lorbeerblätter
10 Nelken
10 zerstoßene Wacholderbeeren
10 zerstoßene Pfefferkörner
2 El Mehl

Das Fleisch gut waschen, trocknen und so aufschneiden, dass eine Scheibe entsteht. Den Speck in dünne Streifen schneiden und auf der Fleischscheibe verteilen. Zwiebeln schälen und in Ringe schneiden. Zwiebelringe auf die Speckstreifen legen. Die Petersilie waschen, trockenschütteln und fein hacken. Das Fleisch mit Salz und Pfeffer würzen und mit Petersilie bestreuen. Zusammenrollen und mit Küchengarn umwickeln. Das Suppengrün putzen, waschen, eventuell schälen und klein schneiden. Aus 750 ml Rotwein, Suppengrün und Gewürzen eine Marinade herstellen und das Fleisch darin etwa 24 Stunden marinieren. Anschließend herausnehmen und trockentupfen. Den Backofen auf 200 °C (Umluft 180 °C) vorheizen. Den Braten im Backofen etwa 1,5 Stunde braten. Dann auf den Grillspieß stecken und unter dem Drehgrill grillen, bis die Oberfläche schön knusprig ist. Den Bratensaft auffangen. Bratensaft mit dem restlichen Rotwein aufkochen und mit Mehl binden. Mit Salz und Pfeffer abschmecken. Den Spießbraten in Scheiben schneiden und mit dem Bratensaft servieren.

Brauerbraten

1 kg Rindfleisch aus dem Bug
100 g Speck
Salz
Pfeffer
1 Bund Suppengrün
1 Zwiebel
30 g Butter
350 ml helles Bier
1 El Mehl
Zucker
1 Gewürzgurke

Das Fleisch gut waschen und trocknen. Den Speck in dünne Streifen schneiden. Das Fleisch mit einem Messer einritzen und mit den Speckstreifen spicken, anschließend salzen und pfeffern. Das Suppengrün putzen, waschen, eventuell schälen und klein schneiden. Die Zwiebel schälen und würfeln. Die Butter in einer Pfanne erhitzen und das Fleisch darin von allen Seiten gut anbraten. Suppengrün und Zwiebel hinzufügen und 5 Minuten mitschmoren.

Das Ganze mit dem Bier ablöschen und das Fleisch etwa 1,5 Stunden garen. Eventuell etwas Wasser nachgießen. Das Fleisch aus der Pfanne nehmen und warm stellen. Den Bratensud aufkochen und mit dem Mehl binden. Die Sauce mit Salz, Pfeffer und Zucker pikant abschmecken, die Gurke in kleine Würfel schneiden und dazugeben. Da Fleisch in Scheiben schneiden und mit der Sauce überzogen servieren.

Gefüllte

1,5 kg ausgelöste Rinderbrust
500 g gemischtes Hackfleisch
1/2 Tl Thymian
1/2 Tl Majoran
Salz
Pfeffer
Muskat
1 Bund gehackte frische Petersilie
1 Zwiebel
3 El Butterschmalz
250 ml Fleischbrühe
125 ml Sahne

Das Fleisch gut waschen und trocknen. Mit einem scharfen Messer eine Tasche hineinschneiden (oder diese bereits vom Metzger hineinschneiden lassen). Den Backofen auf 250 °C (Umluft 230 °C) vorheizen. Das Hackfleisch mit Thymian, Majoran, Salz, Pfeffer, Muskat und Petersilie mischen. Die Zwiebel schälen und hacken. Unter den Teig kneten und das Rindfleisch damit füllen. Mit Salz einreiben und mit Küchengarn

Rinderbrust

zunähen. Das Butterschmalz in einem Bräter erhitzen und das Fleisch darin von allen Seiten gut anbraten. Mit etwas Fleischbrühe ablöschen und im Backofen etwa 2 Stunden schmoren.

Gelegentlich mit der restlichen Fleischbrühe übergießen. Fleisch herausnehmen und warm stellen. Den Bratenfond mit Salz und Pfeffer würzen und mit Sahne verfeinern. Dazu eingelegte Hallimasche (Rezept siehe Seite 28) servieren.

Schweinebraten

750 g Schweineschulter ohne Knochen
Salz
weißer Pfeffer
Knoblauch
1 Tl getrockneter Majoran
1/2 Tl gemahlener Kümmel
75 g fetter Speck
4 El edelsüßes Paprikapulver
50 g Butterschmalz
1 Zwiebel
1 Bund Suppengrün
250 ml trockener Rotwein
250 ml Kalbsfond
125 ml Sahne

Das Fleisch waschen und trockentupfen. Mit einem scharfen Messer an der Oberseite längs in etwa 3 cm Abstand 2 cm tief einschneiden. Knoblauch schälen und halbieren. Fleisch mit Salz, Pfeffer und Knoblauch, Majoran und Kümmel einreiben. Den Speck in Streifen schneiden und in 2 El Paprikapulver wälzen. Die Speckstreifen in die Einschnitte im Fleisch stecken. Das Fleisch mit Küchengarn umwickeln. Das Butterschmalz in einem Bräter erhitzen und das Fleisch bis auf die Oberseite von allen Seiten gut anbraten. Den Backofen auf 220 °C (Umluft 200 °C) vorheizen. Die Zwiebel schälen und würfeln. Das Suppengrün putzen, waschen, eventuell schälen und klein schneiden. Zwiebel und Gemüse zum Fleisch geben und alles weitere 8 Minuten schmoren. Das restliche Paprikapulver einrühren. Rotwein und Kalbsfond in den Bräter geben und das Fleisch im Backofen etwa 1,5 Stunden braten. Gelegentlich mit Bratenfond übergießen. Nach Ende der Garzeit Fleisch aus dem Bräter nehmen und warm stellen. Die Bratensauce durch ein Sieb passieren und die Sahne unterrühren. Das Fleisch vom Garn befreien und in Scheiben schneiden. Mit der Sauce überzogen servieren.

Ochsenschwanz

1,2 kg Ochsenschwanz, in 2 cm lange Stücke gehackt
30 g Speck
1 große Zwiebel
2 Knoblauchzehen
Salz
500 ml trockener Weißwein
6 Tomaten
750 ml Fleischbrühe
Pfeffer
edelsüßes Paprikapulver

Die Ochsenschwanzstücke waschen und trockentupfen. Den Speck würfeln, die Zwiebel schälen und ebenfalls würfeln. Die Knoblauchzehen schälen und mit etwas Salz zerdrücken. Den Speck in einem Topf zerlassen und Zwiebeln sowie Knoblauch darin anschmoren. Die Fleischstücke zugeben und etwa 10 Minuten von allen Seiten gut anbraten. Mit dem Weißwein auffüllen. Die Tomaten überbrühen, enthäuten und von Kernen und Stielansätzen befreien. In Achtel schneiden, danach zum Fleisch geben. Die Fleischbrühe erhitzen und ebenfalls zufügen. Den Topf mit einem Deckel verschließen und den Ochsenschwanz etwa 2 Stunden garen. Anschließend mit Salz, Pfeffer und Paprika würzen und sofort servieren. Dazu passen ein gemischter Salat und Salzkartoffeln.

Ochsenbrust

1 Bund Suppengrün
2 El Öl
500 g Ochsenbrust
Salz
schwarzer Pfeffer
1 Prise gemahlene Muskatnuss
1 Prise getrockneter Majoran
200 g Möhren
1 Blumenkohl
100 g grüne Bohnen
20 g Butter
1 El Mehl
250 ml Rieslingsekt
3 El körniger Senf

Das Suppengrün putzen, waschen, eventuell schälen und klein schneiden. Das Öl in einem großen Topf erhitzen und das Suppengrün darin etwa 5 Minuten andünsten. 1,5 l Wasser angießen und aufkochen lassen. Die Ochsenbrust waschen und unzerteilt in die kochende Gemüsebrühe geben. Die Gewürze zufügen und alles 2 Stunden garen. Möhren schälen und in Stücke schneiden. Den Blumenkohl

mit Sekt-Senf-Sauce

putzen, waschen und in Röschen teilen. Die Bohnen entfädeln, waschen und halbieren. 20 Minuten vor Ende der Garzeit des Fleisches Möhren und Bohnen zugeben, 10 Minuten vor Ende die Blumenkohlröschen. Fleisch und Gemüse aus der Brühe nehmen und warm stellen. Für die Sauce 250 ml der Brühe passieren. Die Butter in einem Topf erhitzen, das Mehl darin anschwitzen. Unter Rühren mit der Brühe auffüllen und aufkochen. Den Sekt und den Senf unterrühren. Die Sauce mit Salz und Pfeffer abschmecken. Zum Fleisch und Gemüse reichen.

Cordon

4 Kalbsschnitzel, 2 cm dick (à 200 g)
Salz
weißer Pfeffer
4 Scheiben Lyoner (à 120 g)
4 Scheiben Ziegenbutterkäse
2 El Mehl
2 Eier
3 El Paniermehl
40 g Butterschmalz
1 Zitrone in Achteln zum Garnieren

Die Kalbsschnitzel waschen, trockentupfen und in die Längsseite vorsichtig eine Tasche hineinschneiden. Das Fleisch mit der Hand breit klopfen und mit Salz und Pfeffer würzen. In jede Tasche je eine Scheibe Lyoner und Ziegenbutterkäse stecken. Die Taschen mit Holzspießen verschließen. Mehl, Eier und Paniermehl jeweils auf einen Teller geben, die Eier verquirlen. Die Kalbsschnitzel

bleu

zuerst in Mehl, dann im Ei und anschließend im Paniermehl wenden. Das Butterschmalz in einer Pfanne erhitzen und die Kalbsschnitzel darin von jeder Seite etwa 6 Minuten braten. Aus der Pfanne nehmen und auf 4 vorgewärmte Teller geben. Mit Zitronenachteln servieren. Dazu Pommes frites und Salat reichen.

Spanferkelrücken

1 kg Spanferkelrücken
Salz
schwarzer Pfeffer
1 Tl edelsüßes Paprikapulver
1/2 Tl getrockneter Majoran
4 El Öl
1 Bund Suppengrün
1 Zwiebel
1 Lorbeerblatt
2 Nelken
5 Pfefferkörner
250 ml Rotwein
1 El Mehl
100 g saure Sahne
1/4 Tl Kümmel
1/2 Tl gehackte frische Petersilie

Das Fleisch waschen und gut trockentupfen. Die Schwarte mit einem scharfen Messer bis aufs Fleisch rautenförmig einschneiden. Salz, Pfeffer, Paprika und Majoran mischen und das Fleisch damit einreiben. Das Öl in einem Bräter erhitzen und den Spanferkelrücken darin von allen Seiten etwa 15 Minuten anbraten. Das Suppengrün putzen, waschen, eventuell schälen und in Scheiben bzw. Ringe schneiden. Die Zwiebel schälen und halbieren und

in Rotwein

jede Hälfte mit 1/2 Lorbeerblatt und 1 Nelke spicken. Suppengrün, Zwiebelhälften und Pfefferkörner zum Fleisch geben und etwa 5 Minuten mitschmoren. Dann den Rotwein angießen. Den Bräter schließen und das Fleisch ca. 30 Minuten garen.
10 Minuten vor Ende der Garzeit den Backofen auf 220 °C (Umluft 200 °C) vorheizen. Das Fleisch aus dem Bräter nehmen und abtupfen. Im Backofen in der Fettpfanne weitere 45 Minuten braten, bis die Haut schön knusprig ist. Den Bratenfond durch ein Sieb passieren und in einen Topf geben. Das Mehl mit etwas Wasser anrühren und die Sauce damit andicken. Die saure Sahne einrühren und mit Salz, Pfeffer und Kümmel abschmecken. Das Fleisch aus dem Backofen nehmen und in Scheiben schneiden. Spanferkelrückenscheiben mit der Sauce überziehen und mit der Petersilie bestreut servieren. Dazu Rotkraut und Knödel reichen.

Kalbsbrust

Für 4–6 Portionen

75 g geräucherter durchwachsener Speck
1 Zwiebel
125 g Pfifferlinge (aus dem Glas)
1/2 Bund Petersilie
1/2 Bund Dill
1 Tl getrockneter Kerbel
1 Tl getrocknetes Basilikum
150 g Rindergehacktes
50 g Paniermehl
2 Eier
225 ml saure Sahne
Salz, Pfeffer
1,2 kg Kalbsbrust ohne Knochen
60 g Butterschmalz
500 ml Kalbsfond
2 El Speisestärke

Den Speck würfeln. Die Zwiebel schälen und hacken. Die Speckwürfel in einer Pfanne auslassen und die Zwiebeln darin glasig dünsten. Die Pfifferlinge in ein Sieb geben, abtropfen lassen und anschließend hacken. Pfifferlinge zu den Zwiebeln geben und alles weitere 5 Minuten schmoren. Petersilie und Dill waschen, trockenschütteln und fein hacken. Die Pilz-

mit Kräuterfüllung

mischung und die frischen Kräuter mit den getrockneten Kräutern, Hackfleisch, Paniermehl, Eiern und 100 ml saurer Sahne mischen und daraus einen glatten Teig herstellen. Mit Salz und Pfeffer würzen. Den Backofen auf 220 °C (Umluft 200 °C) vorheizen. Die Kalbsbrust gut waschen und trockentupfen. In die Mitte eine tiefe Tasche hineinschneiden und die Füllung hineingeben. Die Öffnung mit Küchengarn zunähen. Das Fleisch mit Salz und Pfeffer einreiben.

Das Butterschmalz erhitzen und das Fleisch hineinlegen. Auf der mittleren Schiene im Ofen etwa 1,5 Stunden garen. Gelegentlich mit heißem Kalbsfond übergießen. Kalbsbrust herausnehmen und auf einer vorgewärmten Platte warm stellen. Den Bratfond mit Kalbsfond ablöschen und aufkochen lassen. Die Speisestärke mit der restlichen Sahne glattrühren und den Bratensaft damit andicken. Kalbsbrust in Scheiben schneiden und mit der Sauce servieren.

Schweinefilet

2 Schweinefilets à 375 g
40 g Speck
Salz
weißer Pfeffer
2 El Öl
30 g Butter
1 Zwiebel
100 ml trockener Sherry
4 El Crème fraîche

Schweinefilets waschen und trockentupfen. Haut und Fettstücke abschneiden. Den Speck in 0,5 cm dicke Streifen schneiden und die Filets damit spicken. Dazu mit dem Messer oben kleine Taschen in das Fleisch schneiden und die Speckstreifen hineinstecken. Fleisch mit Salz und Pfeffer einreiben. Das Öl in einem Bräter erhitzen. Die Filets darin von beiden Seiten 2 Minuten scharf anbraten.

mit Sherryrahm

Die Butter zerlassen und die Filets damit begießen. Das Fleisch auf jeder Seite noch weitere 8 Minuten braten. Die Zwiebel schälen und würfeln. Zum Fleisch geben und einige Minuten mitschmoren. Den Sherry angießen. Alles weitere 5 Minuten schmoren und gelegentlich mit dem Bratfond übergießen. Das Fleisch aus der Pfanne nehmen. Die Sauce kurz einkochen lassen, dann mit Salz, Pfeffer und der Crème fraîche abschmecken. Mit Zwiebelpüree (siehe Seite 36) und Kartoffelkroketten servieren.

Gebeizte

Für 6–8 Portionen

1 Hammelkeule von 1,5 kg
375 ml Rotwein (Nahe)
1 El getrockneter Estragon
Salz
weißer Pfeffer
1 Tl scharfes Paprikapulver
1 1/2 Tl edelsüßes Paprikapulver
3 Zwiebeln
2 Knoblauchzehen
1 Stange Lauch
2 Möhren
1 Petersilienwurzel
125 g durchwachsener Speck
2 El Speisestärke
2 cl Weinbrand
1/2 Bund Petersilie

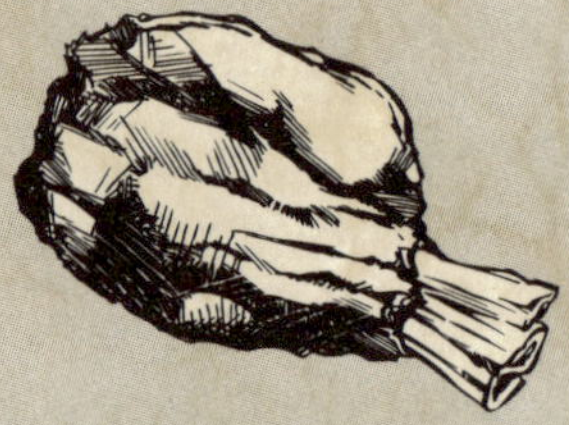

Die Hammelkeule waschen und trockentupfen. Für die Beize den Rotwein, Estragon, Salz, Pfeffer, scharfes Paprikapulver und 1 Tl edelsüßes in einer Schüssel mischen. Zwiebeln und Knoblauchzehen schälen.

Hammelkeule

Zwiebeln in Ringe schneiden. Knoblauch hacken. Beides in die Beize geben. Das Fleisch in die Schüssel legen und mit der Beize bedecken. Zugedeckt eine Nacht durchziehen lassen. Am nächsten Tag Lauch, Möhren und Petersilienwurzel putzen, waschen, Möhren und Petersilienwurzel schälen und fein schneiden, den Lauch in Ringe schneiden. Den Speck würfeln und in einem Bräter auslassen. Die abgetropfte Hammelkeule darin 10 Minuten rundherum anbraten. Den Backofen auf 200 °C (Umluft 180 °C) vorheizen. Das Gemüse in den Bräter geben und alles weitere 5 Minuten braten. Die Hälfte der Beize zugießen. Zugedeckt in den vorgeheizten Ofen auf die mittlere Schiene stellen und 1,5 Stunden garen. Wenn nötig nach und nach noch esslöffelweise etwas Beize zugießen. Die Hammelkeule herausnehmen, vom Knochen lösen und in 1,5 cm dicke Scheiben schneiden. Auf einer vorgewärmten Platte anrichten und warm stellen. Mit der restlichen Beize den Bratfond loskochen. Durch ein Sieb in einen kleinen Topf passieren und aufkochen lassen. Die Speisestärke mit etwas Wasser anrühren und den Bratfond damit binden. Aufkochen lassen, dann den Topf vom Herd nehmen und den Weinbrand angießen. Mit Salz, Pfeffer und restlichem Paprika abschmecken. Die Petersilie waschen und trockenschütteln. Fein hacken und vor dem Servieren in die Sauce geben. Zur Hammelkeule reichen Sie Krautsalat und Kartoffelgratin.

Majoran-Kaninchenbraten

Für 6–8 Portionen

1 küchenfertiges Kaninchen von 2 kg
3 El Öl
2 Knoblauchzehen
Salz
5 El Olivenöl
5 El Zitronensaft
1 El frische gehackte oder getrocknete Majoranblätter
weißer Pfeffer
3 Tl Speisestärke
3 El Portwein
1 Bund frischer Majoran zum Garnieren

Den Backofen auf 240 °C (Umluft 220 °C) vorheizen. Falls nötig das Kaninchen häuten. Innen und außen unter kaltem Wasser abspülen und trockentupfen. Das Öl in einem Bräter erhitzen und das Kaninchen darin in 15 Minuten rundherum braun anbraten. 500 ml heißes Wasser in den Bräter geben und das Fleisch 1,5 Stunden im Ofen braten. Nach 45 Minuten wenden. Inzwischen die

Knoblauchzehen schälen und mit Salz zerdrücken. Olivenöl und Zitronensaft mit Majoran, Knoblauch, Salz und Pfeffer in einem Schälchen verquirlen. Kaninchenbraten damit während der Bratzeit ab und zu bestreichen. Das Kaninchen aus dem Bräter nehmen und in Portionsstücke teilen. Auf einer vorgewärmten Platte anrichten und warm stellen. Den Bratfond durch ein Sieb in einen Topf gießen. Die Speisestärke mit wenig Wasser verquirlen. Unter Rühren in den Bratfond geben und einmal aufkochen lassen. Mit Portwein abschmecken. Für die Garnierung Majoran waschen und trockenschütteln. Die Fleischplatte mit Majoranblättchen garnieren. Die Sauce getrennt zum Fleisch reichen. Hierzu passen Rosenkohl und Kartoffelkroketten.

Jagd-Essen

500 g Hasenkeule ohne Knochen
250 g Zwiebeln
50 g durchwachsener Speck
40 g Butter
500 g frische Pfifferlinge, Steinpilze, Hallimasch oder andere Waldpilze
250 g Möhren
Salz
Pfeffer
125 ml Rotwein
125 ml Pilzfond
1 Bund Petersilie

Die Hasenkeule häuten, waschen und trockentupfen. Das Fleisch in 3 cm große Würfel schneiden. Die Zwiebeln schälen und würfeln. Den Speck in 1 cm große Würfel schneiden. Speck und Butter in einen Topf geben und glasig schmoren. Das Fleisch dazugeben und in 10 Minuten von allen Seiten anbraten. Dann die Zwiebeln dazugeben und 5 Minuten mitschmoren. Die Pilze putzen, waschen und abtropfen lassen. Große Pilze halbieren. Möhren waschen, schälen und in Scheiben schneiden. Den Backofen auf 200 °C (Umluft 180 °C) vorheizen. In eine feuerfeste Form mit Deckel zuerst eine Schicht Fleisch mit Speck- und Zwiebelwürfeln, dann abwechselnd Pilze, Möhren und Fleisch schichten. Jede Schicht mit etwas Salz und Pfeffer bestreuen. Rotwein und Pilzfond mischen und darüber gießen. Die Petersilie waschen, trockenschütteln und fein hacken. Über die Masse streuen. Die Form schließen und im Ofen 50 Minuten garen.

Hasenpastete

Für 6 Portionen

1 Zwiebel
750 g Hasenfleisch
250 g durchwachsener Schweinenacken
1 Knoblauchzehe
1 Ei
1 El gehackte frische Petersilie
125 ml Fleischbrühe
Mehl nach Bedarf
Salz
Pfeffer
6 dünne Scheiben fetter Speck
2 cl Weinbrand

Die Zwiebel schälen. Das Fleisch waschen und trocknen. Fleisch und Zwiebel im Mixer zerkleinern. Den Knoblauch schälen, zerdrücken und mit Ei und Petersilie zum Fleisch geben. Alle diese Zutaten mit einem Teil der kalten Fleischbrühe und so viel Mehl vermischen, dass ein geschmeidiger Teig entsteht. Mit Salz und Pfeffer kräftig würzen. Den Backofen auf 200 °C (Umluft 180 °C) vorheizen. Eine Pastetenform mit der

Hälfte der Speckscheiben auslegen. Den Teig einfüllen und mit den restlichen Speckscheiben abdecken. Den Rest der Fleischbrühe und den Weinbrand darüber gießen. Im Ofen im Wasserbad zugedeckt ca. 1–1,5 Stunden garen. Das Fett abschöpfen und die Pastete noch warm servieren. Dazu frisches Weißbrot reichen.

Geflügel-Kartoffel-

Für 6 Portionen

500 g Putenoberkeule (ohne Knochen)
500 g Gänsekeule (ohne Knochen)
Butterschmalz zum Einfetten
4 mittelgroße Zwiebeln
12 mittelgroße Kartoffeln
Salz
Pfeffer
40 g Butter
250 ml Pfälzer Wein

Das Fleisch waschen, trocknen und in Würfel schneiden. Eine feuerfeste Form mit Butterschmalz einfetten. Den Backofen auf 220 °C (Umluft 200 °C) vorheizen. Zwiebeln und Kartoffeln schälen und in Scheiben schneiden. Die Form mit Zwiebelringen auslegen. Darüber eine dicke Lage Kartoffelscheiben legen. Mit Salz und Pfeffer würzen. Auf die Kartoffeln eine Lage Fleisch geben, dann

Ragout aus dem Ofen

wieder eine Lage Zwiebeln und eine Lage Kartoffeln. Alle Schichten immer salzen und pfeffern. Die letzte Schicht sollen Kartoffeln sein. Den Auflauf mit Butterflöckchen belegen und den Wein angießen. Auf dem Herd zum Kochen bringen, dann im Ofen etwa 1 Stunde 20 Minuten schmoren. Hierzu passen ein würzig zubereiteter Kopfsalat und ein Pfälzer Wein.

Hähnchen

Für 4–6 Portionen

70 g durchwachsener Speck
250 g Zwiebeln
80 g Butter
500 ml Rotwein
1 Knoblauchzehe
Salz
1/2 Lorbeerblatt
1 Hähnchen von 1,2 kg
1 El Mehl
schwarzer und weißer Pfeffer
Cayennepfeffer
2 cl Weinbrand
120 g Champignons (aus der Dose)
20 g Margarine
2 Scheiben Roggenbrot
1 Bund Petersilie

Von dem Speck 40 g in dünne Scheiben schneiden. Die Zwiebeln schälen und würfeln. 40 g Butter erhitzen. Speck und Zwiebeln in der Butter glasig dünsten. Mit dem Wein aufgießen und gut durchkochen. Die Knoblauchzehe schälen und mit Salz zerdrücken. Mit dem Lorbeerblatt in den Topf geben. Das Hähnchen gut waschen und trockentupfen. In 4–6 Portionsstücke

im Rotwein

teilen und salzen. Die restliche Butter in einer Pfanne erhitzen und die Hähnchenstücke darin von allen Seiten anbraten. Zuerst die Schenkel in den Weinsud geben und 10 Minuten kochen lassen. Dann die übrigen Fleischteile dazugeben und alles weitere 40 Minuten garen. Das Fleisch herausnehmen und warm stellen. Das Mehl mit 4 El kaltem Wasser anrühren. In den Fond geben und unter Rühren etwa 7 Minuten köcheln. Mit Pfeffer und Weinbrand abschmecken. Das Hähnchen wieder in den Topf geben und etwa 20 Minuten gut durchziehen lassen. Champignons abtropfen lassen. Den restlichen Speck in feine Streifen schneiden. Die Margarine in einer Pfanne erhitzen, die Champignons sowie den Speck darin leicht anbraten, danach über dem Hühnerfleisch verteilen. Das Roggenbrot in Dreiecke schneiden und anrösten. Das Gericht mit dem Brot und Petersilie garnieren und servieren.

Gefüllte

Für 6 Portionen

250 g Maronen (Esskastanien)
1/4 Sellerieknolle
60 g Butter
500 ml Rosé
Salz
1 junge Mastente von 1,5 kg
frisch gemahlener schwarzer Pfeffer
3 Tl Speisestärke
1 Zwiebel

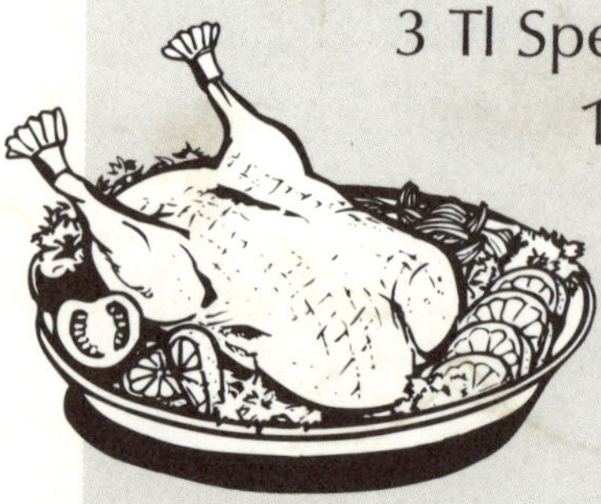

Maronen kreuzweise einschneiden und in einem Topf mit 1 l Wasser 15 Minuten kochen, danach schälen. Inzwischen die Sellerieknolle waschen, schälen und grob würfeln. 20 g Butter in einem Topf erhitzen und die Selleriewürfel darin 5 Minuten anbraten. Den Wein zugießen und die Mischung salzen. Die geschälte Maronen dazugeben und alles bei geschlossenem Deckel etwa 15 Minuten köcheln, anschließend pürieren. Den Backofen auf 200 °C (Um-

Bauern-Ente

luft 180 °C) vorheizen. Die Ente waschen und trockentupfen. Innen und außen salzen und mit Pfeffer einreiben. Die Maronen-Selleriemasse in die Ente füllen und diese mit Küchengarn zunähen. Die restliche Butter in einem Bräter erhitzen. Die Ente darin rundherum in 15 Minuten anbraten. Den Bräter schließen und die Ente im Ofen etwa 1 Stunde 20 Minuten braten. Während der Bratzeit die Ente nach und nach mit dem heißen Wein oder Bratfond begießen.

Die Zwiebel schälen und würfeln. 30 Minuten vor Ende der Garzeit die Zwiebeln zufügen. 10 Minuten vor Ende der Garzeit den Deckel abnehmen, damit die Ente schön braun wird. Ente aus dem Bräter nehmen, tranchieren und auf einer vorgewärmten Platte anrichten. Die Sauce durch ein Sieb in einen kleinen Topf gießen und entfetten. Mit in kaltem Wasser angerührter Speisestärke binden. Die Sauce getrennt zur Bauernente reichen.

Hirschsteaks mit Riesling-Kräuterbutter

4 zarte Hirschfilets (4 cm dick)
4 El Riesling
4 EL Öl
Pfeffer
Salz
80 g Kräuterbutter

Hirschfilets waschen, trockentupfen, mit dem Handballen etwas flacher klopfen und beidseitig mit dem Riesling beträufeln. Zugedeckt 30 Minuten marinieren. Den Backofengrill vorheizen. Das Fleisch mit Öl bestreichen und pfeffern. Auf beiden Seiten etwa 6 Minuten grillen. Das Fleisch soll außen knusprig braun und innen noch zartrosa sein. Nach dem Grillen salzen und mit der Kräuterbutter servieren. Dazu passen Pfifferlinge, Kartoffelkroketten und Preiselbeer-Kompott.

Fischgerichte

Matjes

8 Matjesfilets
4 Tl Zucker
250 ml Rotweinessig
250 ml Pfälzer Rotwein
7 Wacholderbeeren
20 weiße Pfefferkörner
1 Tl Senfkörner
3 Schalotten
2 Gewürznelken
5 Lorbeerblätter

Die Matjesfilets unter fließendem Wasser gut waschen und trockentupfen. Anschließend in eine große Auflaufform legen. 250 ml Wasser zum Kochen bringen und den Zucker darin unter Rühren auflösen. Das Zuckerwasser mit Essig und Rotwein auffüllen. Wacholderbeeren, Pfeffer- und Senfkörner dazugeben und alles etwa 10 Minuten köcheln. Die Schalotten schälen und in Ringe schneiden.

in Rotwein

Mit Nelken und Lorbeer in den Sud geben und noch 15 Minuten mitköcheln. Anschließend abkühlen lassen. Die Marinade über die Matjesfilets geben, sodass diese bedeckt sind. Die Form mit Folie verschließen und im Kühlschrank etwa 1 Tag durchziehen lassen. Matjes in Rotwein zu frischem Vollkornbrot servieren.

Zander

1 Apfel
2 Zwiebeln
4 El Butter
500 g Sauerkraut
1 Lorbeerblatt
6 zerdrückte Wacholderbeeren
200 ml trockener Pfälzer Weißwein
1 El Zucker
1 Tl gemahlener Koriander
Salz
Pfeffer
800 g Zanderfilet
3 El Zitronensaft

Den Apfel waschen, schälen, vom Kerngehäuse befreien und das Fruchtfleisch in Würfel schneiden. Die Zwiebeln schälen und in Spalten schneiden. Die Butter in einem Topf erhitzen und Apfel sowie Zwiebeln darin etwa 5 Minuten schmoren. Sauerkraut, Lorbeerblatt und die Wacholderbeeren zufügen und den Wein unterrühren. Alles 15 Minuten köcheln. Dann Zucker und Koriander hinzufügen und mit

auf Weinkraut

Salz und Pfeffer abschmecken. Alles in eine Auflaufform füllen. Den Backofen auf 200 °C (Umluft 180 °C) vorheizen. Die Fischfilets waschen und trockentupfen. Mit dem Zitronensaft beträufeln und mit Salz und Pfeffer würzen. Den Fisch auf dem Weinkraut verteilen und die Form mit Alufolie verschließen. Den Auflauf im Ofen etwa 20 Minuten backen. Dazu Kartoffelpüree reichen und einen trockenen Pfälzer Weißwein.

Kabeljau

4 Kabeljausteaks
1 1/2 El Zitronensaft
Salz
Pfeffer
500 ml Fischfond
125 ml trockener Weißwein
2 Schalotten
3 El Butter
125 g Crème fraîche
3 El Dijonsenf
1 Prise Zucker

Die Fischsteaks waschen und trockentupfen. Mit Zitronensaft beträufeln und mit Salz und Pfeffer würzen. Fischfond und Wein in einem Topf aufkochen, den Fisch hineingeben und bei geschlossenem Deckel etwa 10 Minuten garen. Die Schalotten schälen und fein hacken. Die Butter in einem Topf erhitzen und die Schalotten darin glasig dünsten. 4 El des Fischsuds mit der Crème

mit Senfsauce

fraîche mischen und zu den Schalotten geben. Die Flüssigkeit cremig einkochen lassen. Den Topf vom Herd nehmen und den Senf einrühren. Mit Salz, Pfeffer und Zucker abschmecken. Die Fischsteaks aus dem Topf nehmen, abtropfen lassen und auf 4 Tellern anrichten. Mit der Senfsauce überziehen und mit Salzkartoffeln servieren.

Seezungen

4 küchenfertige Seezungen ohne Kopf (à 300 g)
2–3 El Zitronensaft
Salz
Pfeffer
5 El Butter
200 g weiße Weintrauben
1 Schalotte
250 ml Grauburgunder
250 ml Fischfond
150 g Sahne

Die Seezungen waschen, von der Haut befreien und trockentupfen. Mit Zitronensaft beträufeln und mit Salz und Pfeffer würzen. Eine Auflaufform mit 3 El Butter ausfetten und die Fische hineinlegen. Die Weintrauben waschen, halbieren und die Kerne entfernen. Die Schalotte schälen und hacken. Die restliche Butter in einer Pfanne erhitzen und die Schalotte darin andünsten. Mit dem Grauburgunder ablöschen und

in Burgunder

die Flüssigkeit zur Hälfte einkochen lassen. Dann den Fischfond zugießen und erneut einkochen lassen. Den Backofen auf 160 °C (Umluft 140 °C) vorheizen. Die Sahne steif schlagen und unter die Sauce heben. Die Trauben zufügen und alles mit Salz und Pfeffer abschmecken.

Nach Geschmack mit Zitronensaft abrunden. Die Sauce über die Fische geben und diese im Ofen etwa 15 Minuten garen. Die Seezungen mit Salzkartoffeln oder Reis servieren.

Weißfische

Für 8 Portionen

1 kg küchenfertige Weißfische
Saft von 1 Zitrone
Salz
40 g Speck
1 Zwiebel
1 Bund gemischte Kräuter
1 Bund Suppengrün
125 ml Weißwein
1 Lorbeerblatt
5 Pfefferkörner
1/2 Tl Senfkörner
50 g Butter

Die Fische innen und außen gründlich waschen, dann trockentupfen. Mit Zitronensaft beträufeln. Zugedeckt 10 Minuten marinieren. Dann innen und außen mit Salz einreiben. Den Speck in 0,5 cm dicke Streifen schneiden und die Fische damit spicken. Die Zwiebel schälen und halbieren. Die Kräuter waschen und trockenschütteln. Das Suppengrün putzen, waschen, eventuell schälen und klein schneiden. Weißwein mit

in Weinsud

Zwiebel, Kräutern, Suppengrün, Lorbeerblatt, Pfeffer- und Senfkörnern in einem Topf aufkochen und salzen. Die Fische dazulegen und 20 Minuten schmoren, anschließend mit einem Schaumlöffel herausnehmen. Gut abgetropft auf warmem Kartoffelsalat anrichten. Die Butter in einem Pfännchen leicht bräunen. Getrennt zu den Weißfischen reichen.

Rhein-Salm

1 Zwiebel
60 g Butter
250 g frische Kräuter-seitlinge oder Morcheln
4 Rhein-Salme bzw. Lachsfilets (à 200 g)
Saft von 1/2 Zitrone
Salz
weißer Pfeffer
1 Tl Paprika edelsüß
1 Bund Petersilie
1 Bund Schnittlauch
2 Tl Fleischextrakt
2 Tl Senf
4 El geriebener Meerrettich
40 g Paniermehl
2 Tomaten

Die Zwiebel schälen und fein hacken.
2 El Butter in einer Pfanne erhitzen und die Zwiebeln darin 5 Minuten glasig schmoren. In der Zwischenzeit die Kräuterseitlinge oder Morcheln waschen, trocknen und in Scheiben schneiden. Zu den Zwiebeln geben und 8 Minuten mitbraten.
Zwiebeln und Pilze in eine feuerfeste Form füllen. Den Backofen auf 200 °C (Umluft 180 °C) vorheizen. Die Fischfilets waschen und trockentupfen. Auf ein

in Meerrettich-Kruste

Stück Alufolie oder einen Teller legen, mit Zitronensaft beträufeln und mit Salz, Pfeffer und Paprika würzen. 10 Minuten ziehen lassen. Petersilie und Schnittlauch waschen, trockenschütteln und fein hacken. Die Fische auf die Pilze legen und mit den Kräutern bestreuen. Die restliche Butter bei Zimmertemperatur etwas weich werden lassen. Auf einen Teller geben. Mit einer Gabel Fleischextrakt, Senf und Meerrettich untermischen. In dichten Flöckchen auf den Fischen verteilen. Das Ganze mit Paniermehl bestreuen. Die Auflaufform auf die unterste Schiene in den Backofen stellen und 25 Minuten garen. Tomaten häuten, vierteln und die Stielansätze herausschneiden. Die Fischfilets mit den Tomatenvierteln garniert in der Form servieren.

Rotwein-Forellen

250 g frische Austernpilze
1 Zwiebel
70 g Butter
Margarine zum Einfetten
4 küchenfertige Forellen
(à 250 g)
Saft von 1 Zitrone
Salz
schwarzer Pfeffer
250 ml Rotwein
1 Zitrone in Scheiben

Austernpilze putzen, waschen, abtropfen lassen und klein schneiden. Zwiebel schälen und würfeln. 2 El Butter in einer Pfanne erhitzen und die Zwiebeln darin glasig dünsten. Austernpilze zugeben und 8 Minuten dünsten. Den Backofen auf 200 °C (Umluft 180 °C) vorheizen. Eine große Auflaufform einfetten. Forellen waschen und trockentupfen. Innen und außen mit Zitronensaft beträufeln, danach salzen und pfeffern. Die Austernpilzmischung in die Auflaufform verteilen und die Forellen darauf legen. Den Wein angießen. In den vorgeheizten Backofen auf die mittlere Schiene stellen und 20 Minuten garen. Aus dem Ofen nehmen. Mit den Zitronenscheiben garnieren und mit Butterflöckchen belegt servieren. Dazu passen Kopfsalat oder gemischter Salat und Petersilien- oder Salzkartoffeln.

Aal

1 Flussaal, küchenfertig vorbereitet
Saft von 1 Zitrone
2 dicke Zwiebeln
500 ml trockener Weißwein
Salz
3 Nelken
2 Lorbeerblätter
1 Bund Petersilie
1 Zitrone
40 g Butter

Den Aal waschen, trocknen, in Stücke schneiden und mit wenig Zitronensaft beträufeln. Die Zwiebeln schälen und grob hacken. Den Wein mit 250 ml Wasser, den Zwiebeln, Salz, dem restlichen Zitronensaft, Nelken und Lorbeerblättern aufkochen. Die Aalstücke darin etwa 15 Minuten ziehen lassen, bis sie gar sind. Die Petersilie waschen und trockentupfen. Die Zitrone in Achtel schneiden. Die Butter

in Weinsauce

zerlassen. Den Aal auf eine vorgewärmte Platte legen. Mit der Butter beträufeln und mit Petersilie und Zitrone garniert servieren.

Backfisch

8 kleine Karpfen oder
4 große Weißfische
Salz
Pfeffer
100 g Mehl
Fett zum Braten

Die Fische schuppen und ausnehmen, gut waschen und mit Salz und Pfeffer einreiben. In Mehl wenden. Die Butter in einer großen Pfanne erhitzen und die Fische darin von allen Seiten braten, bis die Haut knusprig ist. Dazu passen Kartoffelsalat oder in Butter geschwenkte Salzkartoffeln.

Süßspeisen und Backwaren

Weincreme

500 ml leichter Weißwein
125 g Zucker
4 Eier
1/4 Tl gemahlener Zimt
1 El Speisestärke

Wein und Zucker miteinander verrühren und in einem Topf erhitzen. Die Eier trennen. Die Eigelbe mit dem Zimt und der Speisestärke verrühren. Die Eiweiße steif schlagen. Kurz vor dem Siedepunkt die Eigelbe in den Wein rühren. Die Mischung darf nicht mehr kochen. Zu einer cremigen Masse schlagen, abkühlen lassen und den Eischnee unterheben. Gut gekühlt servieren.

Pfirsichschaumspeise

500 g Pfirsiche
3 Eier
75 g Zucker
200 ml Weißwein
1 Päckchen gemahlene Gelatine

Die Pfirsiche schälen, halbieren, den Stein entfernen und das Fruchtfleisch mit ca. 250 ml Wasser zu Mus kochen. Abkühlen lassen. Die Eier trennen. Die Eigelbe mit dem Zucker schaumig rühren. Die Eiweiße zu steifem Schnee schlagen. Pfirsichmus und Wein unter die Ei-Zucker-Masse rühren. Die Gelatine nach Packungsanweisung auflösen und zu der Fruchtmasse geben. Wenn sie fest zu werden beginnt, den Eischnee unterheben.

Zimtwaffeln

Für 12 Waffeln

125 g Butter
200 g Zucker
2 Eier
65 g gemahlene Haselnüsse
10 g gemahlener Zimt
1 El Rum
250 g Mehl
Fett für das Waffeleisen
Puderzucker

Butter und Zucker schaumig rühren, dann die Eier dazugeben. Nüsse, Zimt und Rum unterheben. Zuletzt das Mehl dazugeben und alles zu einem festen Teig verrühren. Ein Waffeleisen einfetten und aus dem Teig nacheinander knusprige Waffeln backen. Mit Puderzucker bestreut servieren.

Zwetschgenkompott

2 kg Zwetschgen
400 g Zucker
1 Zimtstange
1/4 Tl Anis

Die Zwetschgen waschen, halbieren, entsteinen und in einen Topf mit wenig Wasser geben. Aufkochen lassen. Nach und nach Zucker und Gewürze dazugeben und das Kompott etwa 2 Stunden köcheln. Noch heiß in gespülte Gläser oder Steinguttöpfe füllen. Es hält sich ca. 14 Tage.

Pflaumenflammeri

500 g Pflaumen
1 Zimtstange
3 Nelken
abgeschnittene Schale von
1 unbehandelten Zitrone
200 g Zucker
50 g Speisestärke
100 ml Weißwein
375 ml Milch
2 Eier
50 g gemahlene Mandeln

Die Pflaumen waschen, trocknen und entsteinen. Mit Zimt, Nelken, Zitronenschale, 150 g Zucker und 375 ml Wasser in einen Topf geben und etwa 15 Minuten köcheln. Anschließend Zimtstange, Nelken und Zitronenschale aus dem Topf nehmen. Die Pflaumen pürieren. 40 g Speisestärke mit dem Weißwein verrühren und das Pflaumenpüree damit binden. Die Masse kurz aufkochen, dann in kalt ausgespülte Puddingförmchen füllen und im Kühlschrank auskühlen lassen. Für die Mandelsauce restliche Speisestärke mit etwas Milch anrühren. Die Eier trennen. Die Eigelbe verquirlen und mit der Speisestärke verrühren. Die restliche Milch mit Mandeln und restlichem Zucker in einem Topf aufkochen und die Eier-Speisestärke unterrühren. Aufkochen, dann vom Herd nehmen. Die Eiweiße steif schlagen und unter die Sauce heben. Die Pflaumenflammeri auf 4 Teller stürzen und mit der warmen Mandelsauce servieren.

Deidesheimer

4 Eier
200 g Zucker
100 g Rosinen
abgeriebene Schale von 1 Zitrone
200 g Mehl
Margarine zum Einfetten
1 Packung Kuvertüre (200 g)

Den Backofen auf 180 °C (Umluft 160 °C) vorheizen. Die Eier trennen. Eigelbe und Zucker schaumig rühren. Die Rosinen mit heißem Wasser überbrühen und abtropfen lassen. Rosinen und Zitronenschale zum Eischaum geben. Das Mehl über die Masse sieben und gut miteinander verrühren. Die Eiweiße steif schlagen und unter den Teig heben. Ein Backblech einfetten.

Brot

Mit zwei Teelöffeln Teighäufchen abstechen und nebeneinander auf das Blech setzen. Im Ofen in 15 Minuten goldbraun backen. Die Plätzchen aus dem Ofen nehmen und auf einem Kuchengitter abkühlen lassen. Die Kuvertüre im Wasserbad auflösen und die Plätzchen damit bestreichen.

Kirschkuchen

Für 1 Kastenform

250 g Sauerkirschen
500 g Süßkirschen
100 g Butter
125 g Zucker
1 Päckchen Vanillinzucker
1 Prise Salz
4 Eier
200 g Paniermehl
50 g gemahlene Mandeln
1/2 Tl Zimtpulver
1 cl Kirschwasser
Margarine zum Einfetten

Die Kirschen waschen, trocknen und entsteinen. Den Backofen auf 200 °C (Umluft 180 °C) vorheizen. Butter, Zucker, Vanillezucker und Salz in einer Schüssel verrühren. Die Eier trennen und die Eigelbe nach und nach unter die Butter-Zucker-Masse rühren. Paniermehl, Mandeln, Zimtpulver und Kirschwasser zugeben und alles zu einem Teig verrühren. Die Eiweiße steif schlagen und unterheben. Zuletzt die Kirschen in den Teig rühren. Eine Kastenform ausfetten und den Kirschteig hineinfüllen. Im Backofen auf der mittleren Schiene etwa 40 Minuten backen. Mit Vanillesauce oder Schlagsahne servieren.

Pflaumenkuchen

Für 1 Springform

40 g Hefe
125 ml Milch
1 Tl Salz
500 g Mehl
160 g Butter
160 g Zucker
2 Eier
1 kg Pflaumen
Hagelzucker

Die Hefe mit etwas warmer Milch und Salz verrühren und quellen lassen. Das Mehl in eine Schüssel sieben und in die Mitte eine Mulde drücken. Die Milch erwärmen. Die Butter zerlassen. Die Hefe in die Mehlmulde gießen, Milch, Butter, Zucker und Eier zufügen und alles zu einem Teig verarbeiten. Den Teig zugedeckt gehen lassen, bis er den doppelten Umfang hat. Den Teig nochmals durchkneten und auf einer bemehlten Arbeitsfläche ausrollen. Anschließend nochmals 20 Minuten gehen lassen. Inzwischen die Pflaumen waschen, trocknen und entsteinen. Den Backofen auf 220 °C (Umluft 200 °C) vorheizen. Den Teig auf den Boden der Springform legen und am Rand festdrücken. Die Pflaumen fächerförmig darauf verteilen. Den Kuchen Im Ofen etwa 45 Minuten backen. Herausnehmen, abkühlen lassen und mit Hagelzucker bestreuen.

Süßer

4 Milchbrötchen
4 Eier
250 ml Milch
250 ml Sahne
1 cl Aprikosenlikör
1 El Rosinen
100 g Zucker
Zimtpulver
Fett für die Form
2 El Aprikosenkonfitüre
15 g Mandelblättchen

Die Brötchen in Scheiben schneiden. Die Eier trennen. Milch, Sahne, Eigelbe, Likör, Rosinen und 60 g Zucker verrühren, nach Bedarf mit Zimt verfeinern. Die Brötchenscheiben in eine Schüssel geben und die Mischung darüber gießen. Das Ganze 1 Stunde ziehen lassen. Den Backofen auf 180 °C (Umluft 160 °C) vorheizen. Die Masse zu einer glatten Creme pürieren und in

Auflauf

eine gefettete Auflaufform füllen. 50 Minuten im Ofen backen. Inzwischen die Eiweiße mit dem restlichen Zucker mischen und steif schlagen. Den Auflauf nach 30 Minuten Backzeit mit der Konfitüre bestreichen, dann den Eischnee darüber geben. Mit Mandelblättchen bestreuen und goldbraun überbacken.

Heidelbeerauflauf

Für 3–4 Portionen

750 g Heidelbeeren
160 g Mehl
120 g Zucker
6 Eier
150 ml Milch
4 cl Weinbrand
abgeriebene Schale von
1/2 unbehandelten Zitrone
Fett für die Form
2 El gemahlene Mandeln
4 El Puderzucker

Die Heidelbeeren verlesen, putzen, waschen und gut abtropfen lassen. Das Mehl in eine Schüssel sieben. Zucker, Eier, Milch und Weinbrand verrühren und zum Mehl geben. Zitronenschale hinzufügen und untermischen. Den Teig etwa 30 Minuten quellen lassen. Den Backofen auf 200 °C (Umluft 180 °C) vorheizen. Eine Auflaufform einfetten und mit den Mandeln ausstreuen. Die Heidelbeeren hineingeben und mit dem Teig übergießen, sodass die Beeren vollständig bedeckt sind. Den Auflauf im Ofen etwa 30 Minuten backen. Herausnehmen und etwas abkühlen lassen. Dann mit Puderzucker bestreuen und sofort servieren.

Stachelbeergrütze

500 g Stachelbeeren
200 ml Birnensaft
140 g Zucker
1 Päckchen Vanillinzucker
2 El Speisestärke
4 Eigelb
250 g Sahne
2 El Zitronensaft
4 Minzeblättchen zum Garnieren

Die Beeren putzen, waschen und abtropfen lassen. Den Birnensaft mit 100 g Zucker und 100 ml Wasser aufkochen. Vanillezucker und Stachelbeeren in den Sud geben und alles etwa 6 Minuten kochen, bis die Beeren weich sind, aber nicht zerfallen. Ein Drittel der Masse mit einer Schaumkelle herausholen, die restlichen Beeren zerdrücken. Die Speisestärke mit 1 El Wasser anrühren und den

Stachelbeermus damit andicken. Kurz aufkochen, dann die ganzen Beeren wieder dazugeben und die Grütze abkühlen lassen. Die Eier trennen. Die Eigelbe mit Sahne, restlichem Zucker und Zitronensaft verrühren und im Wasserbad schaumig schlagen. Dann über kaltem Wasser rühren, bis die Sauce abgekühlt ist. Die Stachelbeergrütze auf 4 Teller verteilen und mit der Sauce servieren. Mit Minzeblättchen garnieren.

Portugieser Birnen

Für 4–6 Portionen

6 feste Birnen
375 ml Portugieser Rotwein
Saft von 1 Zitrone
60 g Zucker
1 Msp. Zimtpulver
1 Tl Speisestärke

Die Birnen schälen, halbieren und das Kerngehäuse entfernen.

Die restlichen Zutaten mit Ausnahme der Speisestärke mischen und in einem Topf aufkochen. Die Birnenhälften vorsichtig hineinlegen und etwa 10 Minuten weich kochen. Birnen herausholen und in eine Schüssel legen. Den Portugiesersud kurz einkochen lassen, dann mit Speisestärke andicken. Den Sud über die Birnen gießen, so dass sie ganz bedeckt sind. Die Birnen mit Folie abdecken und an einem kühlen Ort etwa 1 Tag durchziehen lassen.

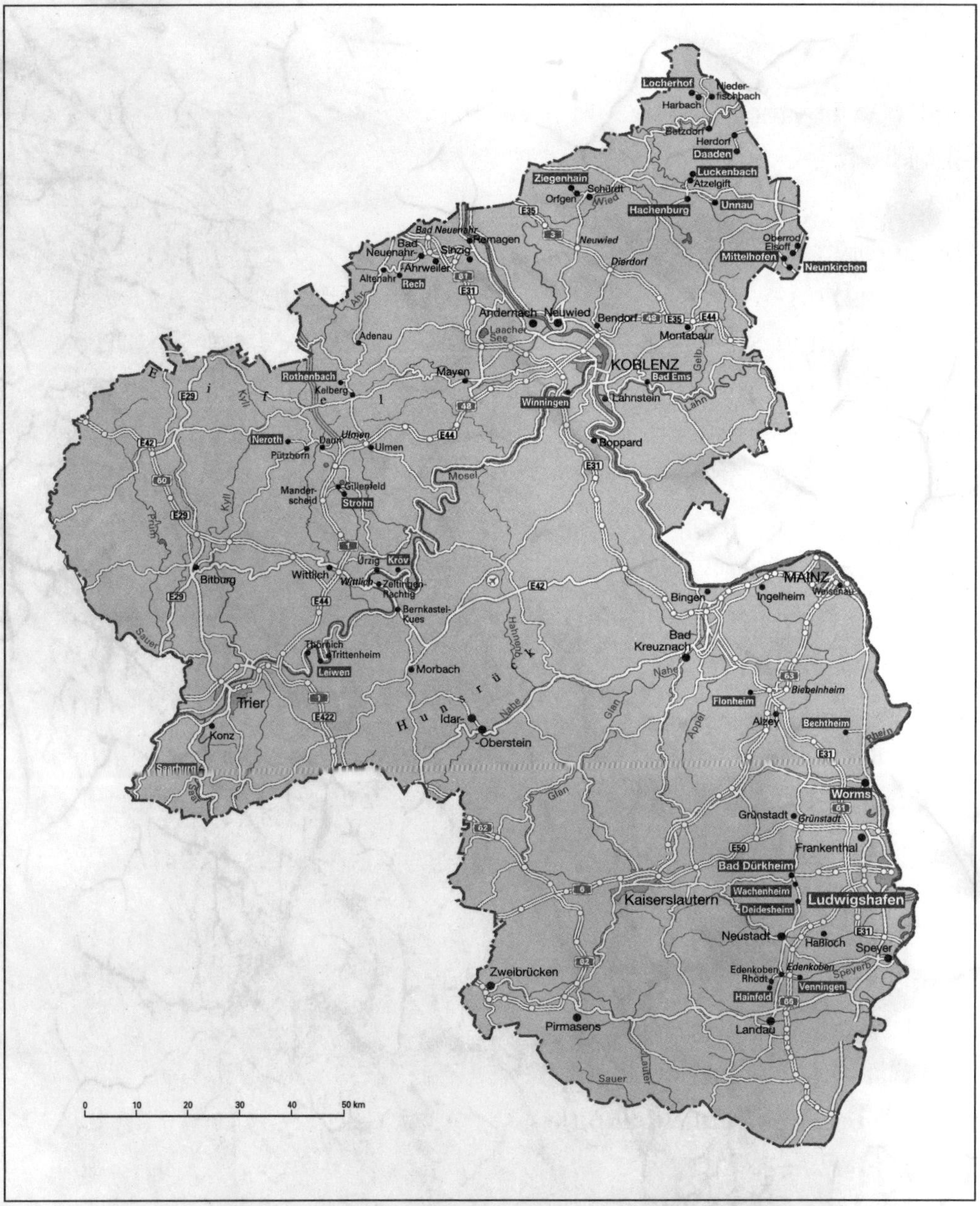
Locherhof
Nieder-
fischbach
Harbach
Betzdorf
Herdorf
Daaden
Luckenbach
Atzelgift
Ziegenhain
Schürdt
Orfgen
Wied
Unnau
Hachenburg
E35
3
Neuwied
Dierdorf
Oberrod
Elsoff
Mittelhofen
Neunkirchen
Bad Neuenahr
Remagen
Bad
Neuenahr-
-Ahrweiler
Sinzig
Altenahr
Rech
61
E31
Ahr
Andernach
Neuwied
Bendorf
48
E35
E44
Montabaur
Laacher
See
Adenau
KOBLENZ
Gelb.
Rothenbach
Mayen
Bad Ems
E
i
f
e
l
Kelberg
E29
Kyll
Winningen
Lahnstein
Lahn
48
E42
Neroth
Daun
Ulmen
Ulmen
E44
Pützborn
Boppard
Mosel
E31
60
Gillenfeld
Mander-
scheid
Strohn
E29
Kyll
Prüm
1
Ürzig
Kröv
Bitburg
Wittlich
Wittlich
Zeltingen-
Rachtig
E42
MAINZ
Bingen
Ingelheim
Weisenau
E29
E44
Bernkastel-
Kues
Sauer
Hahnenb.
Bad
Kreuznach
Thörnich
Trittenheim
Leiwen
Morbach
H
u
n
s
r
ü
c
k
Nahe
63
Biebelnheim
Flonheim
Trier
1
E422
Idar-
-Oberstein
Nahe
Glan
Alzey
Appel
Bechtheim
Rhein
Konz
E31
Saarburg
Saar
Glan
Worms
61
Grünstadt
Grünstadt
62
E50
Frankenthal
Bad Dürkheim
Wachenheim
Ludwigshafen
6
Kaiserslautern
Deidesheim
Neustadt
E31
Haßloch
Speyer
62
Edenkoben
Edenkoben
Rhodt
Speyerb.
Zweibrücken
Venningen
Hainfeld
65
Pirmasens
Landau
Sauer
Lauter
0
10
20
30
40
50 km